AF204303

Stephanie Briegl

Es ist 5 vor 12

story.one – Life is a story

1st edition 2024
© Stephanie Briegl

Production, design and conception:
story.one publishing - www.story.one
A brand of Storylution GmbH

Font set from Minion Pro, Lato and Merriweather.

© Cover photo: Lisa Grabner

ISBN: 978-3-7115-2546-8

Ich möchte dieses Buch meiner guten Freundin Lisa Grabner widmen, die das beeindruckende Cover erstellt hat.

INHALT

1: Rosenstraße 40/36, Wien - Valentin

Meine Ritterfiguren stehen in Reih und Glied, in perfekter Symmetrie angeordnet, sodass mir innerlich wohlig warm wird. Ordnung ist für mich wie die Luft zum Atmen. Ohne sie drohe ich zu ersticken. Papa hat das Prinzip einmal nicht verstanden und meine Spielfiguren durcheinandergebracht. Sie sind herumgewirbelt und ich musste sie einzeln zusammensuchen, so weit verstreut lagen sie. Eine der Figuren fand sich unter meinem Bett. Da musste ich mich ganz lang machen und die Finger strecken, damit ich dahin gelange. Am Ende hat es fast ein bisschen wehgetan. Da lag er, der Soldat. Sein Kopf abgerissen, abgetrennt von dem Rest seines winzigen Körpers. Ich wollte heulen, aber das hätte Papa bestimmt gehört. So versuchte ich meine Wut und Traurigkeit hinunterzuschlucken, wie einen zu großen Kaugummi, der versehentlich den Hals hinunterrutscht. Da bleibt einem erstmals für eine kurze Schrecksekunde das Herz fast stehen, weil man denkt, er steckt fest und man bezwingt ihn nicht. Ich aber schaffte es, zumindest die Wut war weg.

Die Traurigkeit aber bleibt. Zwei Figuren sind seither hinüber. Der Ritter mit dem glänzenden Schwert in der Hand fristet ein Schattendasein (für diese schöne Formulierung würde mich meine Lehrerin Frau Engelbrecht sicherlich loben), denn auch er hat seinen Kopf verloren und ich benutze ihn eigentlich nur noch ungern zum Spielen. Manchmal darf er mitmachen, aber ich setze ihn nur ein, damit sich die anderen Figuren über ihn lustig machen können. Er war nicht stark genug. Kein richtiger Mann! Da ist doch klar, dass er sterben musste. Papa hat sich nie für sein Verhalten entschuldigt. Deshalb war Mama ihm sehr lange böse.

Heute hat er mir versprochen, dass wir miteinander spielen. Ich bin schon etwas aufgeregt, schließlich hat er ganz allgemein eher Schwierigkeiten, sich für gemeinsame Aktivitäten zu motivieren, weil er so viel und hart arbeiten muss. Das erklärt mir Mama immer, wenn er seine Versprechen nicht hält und die Enttäuschung mal wieder zuschlägt. Heute aber ist alles ganz anders: Seine tiefe Stimme lässt mich zusammenzucken. Er ist schon hier, steht hinter mir, damit habe ich nicht gerechnet. Er ist überpünktlich. »Bereit für Action?« Seine Augen sprühen nur so vor Energie und ich werde ganz hibbelig. Sein Blick schweift an mir vorbei, hin zu den perfekt angeordneten Figuren. »Wieso stehen die so albern herum? Hast **du** das gemacht?« Ich verstehe nicht, warum er mir diese Frage stellt. Wer sollte es denn sonst gewesen sein? Aber vielleicht ist das auch eine rhetorische Frage, auf die er keine Antwort erwartet. »Ach ja, wie konnte ich das vergessen? Du bist ein Ordnungsfanatiker. Na dann, mal los. Was machen wir? Bauen wir eine Ritterburg? Wo hast du denn deine Legosteine?«

Zwei Stunden später ist alles ganz anders und wieso das so ist, weiß keiner so genau. Papa war anfangs äußerst guter Laune und hat mit mir die größte Ritterburg gebaut, die die Welt je gesehen hat. Es erfüllt mich immer noch mit Stolz, wenn ich daran zurückdenke. Sie war einzigartig und genial. Jetzt ist davon nicht mehr viel übrig, denn es hat bunte Steine geregnet. Mama ist daran schuld, das ist sie immer. Wenn sie Papa nicht genervt hätte, stünde meine Burg noch.

2: Rosenstraße 40/36, Wien - Nina

Es ist erstaunlich, dass meine feministische Grundhaltung keinen besonders starken Einfluss auf die Gegebenheiten zu Hause hat. Das sagt zumindest meine Freundin Lina. Ich habe ihr nur einen Bruchteil der Situation erzählt und dabei die wichtigsten Fakten vorenthalten, aber sie findet meinen Vater unmöglich, ohne auch nur zu wissen, wozu er sonst noch so imstande ist. Um ehrlich zu sein: Ich bemerke seit Monaten nicht einmal den Hauch einer Veränderung, obwohl Mama ständig davon spricht, dass bald alles viel besser wird. Hätte ich mir nicht zum Ziel gesetzt, dass dieses Jahr alles anders wird, wäre ich vermutlich in anderer Stimmung. Wenn man gar nicht mit Veränderung rechnet, ist man auch nicht überrascht darüber, dass keine Veränderung eintritt. Es muss jemand dafür sorgen, dass wir Papa endlich los sind und dafür gibt es zwei Möglichkeiten: Die 1. Möglichkeit besteht darin, zur Polizei zu gehen und auszupacken. Die 2. Möglichkeit besteht darin, nicht zur Polizei zu gehen und nicht auszupacken, aber ihn zu verlassen. Ich finde beide Möglichkeiten gut, tendiere derzeit aber zur 1. Möglichkeit, weil Papa dann auch für sein Fehlverhalten zur Verantwortung gezogen wird. Das ist nur fair: Wir mussten jahrelang leiden, soll er auch mal leiden.

Vorhin wollte ich mit Mama darüber sprechen, aber sie hat sich in ihrem Zimmer eingeschlossen und lässt mich nicht hinein. Während ich vor der Tür stehe und darum bete, dass sie endlich aufmacht, kommt er mir entgegen. Als ich in sein Gesicht blicke und sein süffisantes Lächeln sehe, zeigt mir das wieder, wie sehr ich ihn verabscheue. »Sie ist unpässlich gerade. Das siehst du doch, Nina. Geh wieder in dein Zimmer und vertreib dir die Zeit sinnvoller, als vor dieser Tür auf- und abzuschreiten. Ist ja kaum zu glauben, hast du keine Freunde, die du treffen möchtest?« Seine harte Stimme durchdringt sämtliche Fasern meines Körpers, ich möchte ihm entgegnen, dass ich mich um Mama sorge und daher dringend mit ihr reden möchte, aber ich bleibe stumm. Mich und sie trennt eine Tür, ein nicht einmal sonderlich dickes Stück Holz, sie ist so nah, aber doch so weit entfernt. Auch wenn sie mit uns am Tisch sitzt. Körperlich ist sie anwesend, ihr geschundener Körper schreit förmlich nach Aufmerksamkeit, aber emotional trennen uns Lichtjahre. Unsere Türen sind hellhörig und ich kann abends oft ihr ersticktes Weinen hören. Ich mag mir nicht ausmalen müssen, was diesmal geschehen ist. Dass Mama sich in ihrem Zimmer eingeschlossen hat und niemanden an sich heranlässt, kann nämlich nur eines bedeuten: Es ist wieder geschehen, und zwar mit ziemlicher Intensität.

3: Rosenstraße 40/36, Wien - Gabi

15 Jahre sind wir bereits zusammen. Das sind **beinahe** 5475 Tage voller Angst, Leid und Ungewissheit. Ganz zu Beginn unserer Beziehung war die Welt nämlich noch anders. Nun ist sie auf den Kopf gestellt, bereits bei unserem ersten Streit bekam das Fundament unserer Beziehung einen tiefen Schnitt und es fühlte sich eine Weile so an, als wäre alles weg, was uns jemals vereint hatte. Es war so schön mit ihm, zumindest fünf Monate lang. Danach begann das Wechselbad der Gefühle. Ich sehe seine erhobene Hand wie in Zeitlupe auf mich zukommen, spüre die Angst, wie sie jeden Zipfel meines Körpers ausfüllt und es mir verwehrt, einen klaren Gedanken zu fassen. Sehe die Fassungslosigkeit in seinem Blick, als ich sage: »Ich mache Schluss mit dir.« Zwei Tage später und er stand mit dem Bündel Blumen vor mir, die ganz fantastisch dufteten. Ich gab ihm eine zweite Chance, schließlich verdient jeder Mensch zweite Chancen. Als wir uns zum ersten Mal trafen, hatte ich das Gefühl, endlich an-

gekommen zu sein. Da war diese starke Verbindung zwischen uns. Das Band, das uns heute noch verbindet. Mittlerweile ist aus diesem anfänglich seidenen, zarten Bändchen eine Stahlkette geworden, die man nicht sprengen kann. Die Fesseln unserer Ehe ziehen sich um meinen Körper, sie haben meinen Geist und meine Seele fest im Griff. Unsere Beziehung fühlt sich falsch und richtig an zugleich. In den geborgenen, warmen Momenten, in denen sein Anfangs-Ich die Zügel in der Hand hält, da weiß ich, dass es richtig ist. In all den dunklen, eisigen Momenten, in denen der Schmerz regiert und die Welt aus ihren Fugen zu geraten scheint, weiß ich, dass es falsch ist und ich in den guten Momenten einer Illusion unterliege. Der Illusion, dass die schlechten Momente vorübergehen. Doch je länger unsere Ehe sich zieht, desto tiefer werden die Gräben und desto länger die Schatten. Die Angst, sie kriecht deinen Rücken entlang, klammert sich an deinen Körper und rammt sich unbarmherzig in dein Fleisch. Zerrt an deinen Armen, umschlingt dich mit ihrem Würgegriff, bis du nicht mehr atmen kannst. Ein falsches Wort, ein falscher Blick könnte das Fass zum Überlaufen bringen. Du wartest auf die Konsequenzen und sie zeigen sich dir mit einem Schlag und ab und an auch vielen, mit Tritten und mit verletzenden Worten. Und dann, ganz unerwartet kommt sie, manchmal schleicht sie sich auch heran, die Erleichterung. Als wäre die Angst nie dagewesen, sie ist zusammengeschrumpft, sie hat an Kraft und Intensität verloren. Sie ist verschwunden. Dann kannst du wieder aufatmen. Es ist vorbei, geschafft, du lebst. Sie ist jedoch nie vollkommen weg. Die Angst. Sie lauert und wartet. Und es gibt sie, die Triggerpunkte, die sie aus ihrem Versteck wieder hervorlocken, ihr dabei helfen, zu wachsen und ihre einstige Größe anzunehmen. Sie lauert in den dunklen Ecken deiner Seele, in Habachtstellung und hört auf ihren Weckruf. Nun ist sie wieder hier, alles einnehmend, ungewohnt stark und mächtig. Meine Hände zittern, als ich nach der Klopapierrolle greife und ich beiße mir auf die Lippe, um dem Schmerz, der sich in mir ausbreitet, Einhalt zu gewähren. Er darf sich nicht weiter ausbreiten, das ertrage ich heute nicht. Eine Träne blinzelt in meinem Gesicht, im Spiegel schaut mir ein müdes Lächeln entgegen. »Es wird alles gut.« Die leise Stimme, die aus meinem Inneren kommt, wird schwächer, bis sie ganz verstummt.

4: Rosenstraße 40/36, Wien - Nina

Mama starrt auf ihren nicht sehr gesund aussehenden Arm. Durch die vielfältigen Anwendungsmöglichkeiten sämtlicher Gebrauchsgegenstände in unserer Wohnung sind unterschiedliche Ergebnisse denkbar. Ich habe mal versucht eine Wahrscheinlichkeitsprognose zu erstellen, wann es wieder so weit ist. Dafür gibt es einige ganz zuverlässige Indikatoren, die zu berücksichtigen sind, wenn man gute Vorhersagen haben möchte. In erster Linie ist es abhängig davon, ob alles Papas Meinung problemlos verläuft oder sich ungeahnte Hürden, Stolpersteine auftun. Die Bandbreite der möglichen Reaktionen zwar ist äußerst groß, aber die Sinnhaftigkeit der meisten Reaktionen nicht. Einen Angriff mit Humor abzuschmettern, ist keine gute Idee. Erstens führt Humor zu keiner Entschärfung der Situation, sondern bedingt eine Verstärkung der miesen Stimmung, in der er sich regelmäßig befindet. Außerdem entsteht dadurch das Gefühl, seine Empfindungen und Probleme würden von uns nicht ernst genommen. Es wirkt so als würden wir ihn verhöhnen, Mama und ich. Humor ist zwar eine großartige Stütze, aber auf ein dermaßen fragiles Fundament kann selbst er dauerhaft nicht bauen. So komplex seine juristischen Fälle auch sein mögen und so ausgezeichnet seine Leistung bei der Rechtsanwaltsprüfung war, so einfach sind seine Handlungsweisen im zwischenmenschlichen Bereich. Wenn wir etwas falsch machen, ist Mama schuld. Wenn er etwas falsch macht, ist auch Mama schuld. Mama ist sogar schuld, wenn Dinge geschehen, die außerhalb unserer Einflussmöglichkeiten liegen. Seine maßlos konservative Einstellung gegenüber dem was Frauen in einer Beziehung zu »leisten« haben kommt noch hinzu. Eine Frau muss zu ihrem Mann aufschauen, sie muss ihn bewundern, aber nicht zu sehr, dann wird sie zu anhänglich und nervig. Gleichzeitig soll sie aber nicht allzu bedürftig sein und wissen, was sie will. Wenn sie nun weiß, was sie will, wird ihr aber wieder vorgehalten, dass das Blödsinn ist. Im Endeffekt läuft es darauf hinaus, dass sie eigentlich nie etwas richtig machen kann.

Heute ist es wieder passiert: Kleinigkeiten werden aufgebauscht und eine anfänglich harmlose Situation verwandelt sich in ein riesiges Drama.

Er hat sie gepackt und zu Boden gestoßen. Die Hände zu Fäusten geballt, seine Adern am Hals traten hervor. Papa ist kein hässlicher Mann. Wenn man seinen Charakter nicht kennt, könnte man sogar meinen, dass er eigentlich ganz gut aussieht. Er ist groß gewachsen, hat sehr kräftige Arme und Beine (er geht trainieren und Tennisspielen und befindet sich jedes Jahr über Monate hinweg in Marathonvorbereitungen) und ebenmäßige Gesichtszüge. Er kommt auch sympathisch rüber, zumindest täuscht der Ersteindruck. Mit viel Wortgewandtheit und Sprachwitz schafft er es sein Gegenüber von sich zu begeistern. Wieso die anderen ihn aber dauerhaft mögen, ist mir unbegreiflich. Mama meint, dass er bei den anderen die Fassade erfolgreich aufrechterhält. Gegenüber seinen Freunden ist er nicht aggressiv, er macht keine Schlagzeilen als »sich schlägernder« Anwalt. In unseren eigenen vier Wänden sieht die Situation aber ganz anders aus. Ich habe schon früh gelernt, mit Angst umzugehen, sie ist allgegenwärtig und wesentlicher Teil meines Lebens.

5: Rosenstraße 20, Wien - Valentin

In der Schule ist es heute schwierig. Timo sitzt neben mir und sein Kopf sieht aus wie eine überreife, viel zu große Tomate. Dort wo ich ihn erwischt habe, ist seine Haut geplatzt und aus seinem rechten Auge tropft es. Sein linkes Auge kann ich nicht erkennen, weil Timo es mit seiner Hand abschirmt. Vielleicht tränt das rechte Auge auch nicht nur, vielleicht weint er ja. Dazu müsste ich aber sein linkes Auge sehen können, damit ich es auch sicher beurteilen kann. Nachdem die »Sache« passiert ist und mich Frau Engelbrecht entsetzt angesehen hat, habe ich mich ganz schön mies gefühlt. Am liebsten hätte ich ihr gesagt, dass ich das ja nicht wollte und es mir schrecklich leid tut, stattdessen kommen Worte aus meinem Mund, die ganz fremd klingen. »Timo hat angefangen. Er hat mich geschubst und beschimpft. Er hat es nicht besser verdient.« Frau Engelbrecht denkt jetzt sicher, dass ich doch Probleme mache. Papa musste neulich in die Schule fahren, weil sie mit ihm sprechen wollte. Das ganz allein, unter vier Augen bitte, hat sie gesagt. Ich sei schwierig, habe meine Gefühle nicht im Griff und zeige problematische Verhaltensweisen im Umgang mit den anderen Kindern. Woher ich das weiß? Nach dem Gespräch ist Papa in mein Zimmer gekommen und hat mir gesagt, worum es ging und dass ich in Zukunft besser brav bin und aufhöre mich wie ein Idiot zu verhalten. Wenn sich das nicht bessert, muss er mit Mama schimpfen, weil sie sich nicht richtig ins Zeug gelegt hat, was meine Erziehung anbelangt. Außerdem solle ich mir ein Vorbild an meiner Schwester nehmen, die ist unauffällig. Aber Nina ist auch schon 13 und ein Mädchen. Für wilde Spiele hat sie sich nie interessiert. Und derzeit liegt sie am liebsten auf ihrem Bett und hört stundenlang irgendwelche komischen Podcasts.

Einleuchtend fand Frau Engelbrecht meine Erklärung nicht. Ganz im Gegenteil, denn Timo hat zwar tatsächlich begonnen und zuerst geschubst, aber jetzt hält er sich einen Kühlbeutel an seinen Kopf und mir geht es, bis auf eine leicht gerötete Stelle an meinem Oberarm, gut. Die Wut. Sie ist mal wieder aus mir herausgebrochen, obwohl ich beschlossen habe, dass das nicht mehr passieren darf. Beim letzten Mal, als ich so wütend geworden bin, habe ich mit der Schere meine Zeichnungen zerschnitten. Ich war so in Fahrt, dass mir gar nicht aufgefallen ist, wie weit die Zerstörung reicht. Wo einst unsere Familie durch eine Umarmung vereint war, durchtrennt ein scharfer Schnitt das Bild. Mamas Gesicht ist entzwei. Das sieht nicht schön aus. Ihre Augen sind mir aber eh nicht wirklich gelungen. Die quellen so hervor und sind viel zu weit auseinandergezogen, sodass sie gar nicht aussieht wie sie selbst. Meine Zeichnung zeigt ein gruseliges Abbild von ihr, verzerrt wie durch einen Spiegel im Spiegelkabinett.

Ich habe es geahnt. Frau Engelbrecht will mit mir sprechen. Alleine. Wir gehen aus dem Klassenzimmer und lassen den jammernden (und möglicherweise auch weinenden) Timo zurück. Ihr Blick ist ernst, sie scheint die Geschichte zu belasten. Nach der »Sache« mit den Zeichnungen hat sie mich beiseite genommen und mir seltsame Fragen gestellt. »Ist bei dir zuhause alles in Ordnung?« Ich habe damals schnell genickt, aber dabei ziemlich auffällig geschluckt, was sie gleich verunsichert hat. Den Fehler darf ich kein zweites Mal machen. Diesmal habe ich ein Pokerface.

6: Rosenstraße 40/6, Wien - Lisa

Erschöpft schäle ich mich aus meiner Jeansjacke, die ich heute über einem schlichten grauen Kleid getragen habe und lasse mich auf den Sessel im Wohnzimmer fallen. »Anstrengenden Schultag gehabt?« Mein Arbeitskollege aus dem dritten Stock unserer Schule, der gleichzeitig mein Freund ist, steht vor mir und seufzt. »Ich nämlich auch. Heute gab es einen kleinen Zwischenfall mit einer Schülerin, die bisher sehr unauffällig gewesen ist. Aber du zuerst.« Das lasse ich mir nicht zweimal sagen und beginne zu erzählen. »Wir hatten **natürlich** einen Zwischenfall mit einem Schüler, der bereits sehr bekannt dafür ist. Der Sohn vom Staranwalt.« Andreas seufzt erneut. »Nicht schon wieder. Was hat er diesmal angestellt?«

»Hat sich mit Timo, seinem besten Freund geprügelt. Timo hat ihn scheinbar geschubst. Mehr hat es nicht gebraucht. Dann ist es ziemlich eskaliert. Das Ergebnis ist, dass Timo jetzt ein blaues Auge hat. Wange und Kopf haben auch was abbekommen. Der sieht echt übel aus.

Was mir Angst macht, ist das Aggressionspo-
tenzial des Kleinen. Der Valentin hätte vermutlich nicht aufgehört Timo zu schlagen, wenn
ich nicht dazwischen gegangen wäre.«
Andreas macht große Augen. »Und weiter? Was
ist die Konsequenz?«
»Ich habe mit dem Direktor über diese Sache
gesprochen. Der Vater wird vorgeladen.«
»Okay, und dann wird erstmals geredet?«
»Ja, und dann schauen wir mal. Ich bin eigentlich dagegen, dass er immer so davonkommt,
aber sein Vater schafft es jedes Mal, die Situation irgendwie durch seine Worte zu entschärfen.
Am Ende wirkt es so, als wäre nichts geschehen.«
»Klingt echt schwierig. Aber lass das nicht mit
dir machen. Steh zu deinen Worten und zeig,
dass es so nicht weitergeht.«
»Leichter gesagt als getan. Der Vater ist durch
seinen Beruf wohl echt trainiert darin. Was
mich auch stutzig macht: Ich hab die Mutter
bisher fast noch nie gesehen. Ich will natürlich
jetzt damit nicht sagen, dass ich es nicht grund-
sätzlich voll gut finde, wenn der Vater mal die
präsente Person ist und nicht immer die Mutter
die meiste Care-Arbeit übernimmt. Aber in
dem Fall hab ich irgendwie ein schlechtes Gefühl.«

»Warum? Hat er mal was dazu gesagt, weshalb sie fast nie erscheint?«

»Ja, tatsächlich. Er meinte, es ginge ihr nicht allzu gut. Sie leide anscheinend seit längerer Zeit an einer Depression und er müsse einen Großteil der Kindeserziehung übernehmen. Und das neben seinem sicher sehr arbeitsintensiven Beruf. Er meinte auch, dass deshalb sein Sohn solche Schwierigkeiten mache. Er könne nicht damit umgehen, dass es der Mutter so schlecht gehe und sie nicht mehr dieselbe ist wie früher.«

»Wirkt jetzt nicht total abwegig, muss man schon sagen. Seltsam. Aber das, was ich dir zu erzählen hab, setzt allem die Krone auf. Und rückt alles vielleicht in ein anderes Bild. Bin gespannt, was du dazu sagst. Also, schau. Ich bin ja der Klassenlehrer von Valentins Schwester.« Ich muss kurz überlegen, dann fällt es mir wieder ein. Nina, die ältere Schwester von Valentin. Beide wohnen sie in demselben Wohnhaus wie wir, im obersten Stock, der Dachgeschosswohnung. »Okay, erzähl!«

7: Rosenstraße 40/36, Wien - Gabi

Nina steht vor mir, ihre Augen sind ausdruckslos, sie ist ganz blass. »Schatz, ist alles in Ordnung?« Sie zuckt mit den Schultern und will in ihr Zimmer gehen, aber so einfach mache ich es ihr nicht. »Nein, halt. Du sprichst jetzt mit mir und erzählst mir, was geschehen ist. Und auch, wenn es was Schlimmes ist, kannst du es mir sagen.« Sie windet sich und ich merke, wie schwer es ihr fällt. Aber dann scheint sie sich zu überwinden und sie beginnt zu sprechen. »Na gut, okay. Also heute in der Schule. Das war ein bisschen blöd.« Ich spüre es, gleich ist es vorbei mit ihrer Selbstbeherrschung und alle Gefühle brechen unkontrolliert aus ihr heraus. »Weißt du Mama, ich wollte nicht, dass es so wird. Aber dann hat Klarissa so dumme Aussagen gemacht, mit denen ich nicht umgehen konnte und ich war emotional so involviert, dass ich zu viel Zeug geredet habe.« Sie lässt sich in meine Arme fallen und beginnt zu weinen. »Ich bin dir nicht böse, sag bitte einfach was los war.« Zwischen heftigen Schluchzern flüstert sie:

»Klarissa hat zuerst gesagt, dass es irgendwie sexy ist, wenn ein Mann sich voll aggressiv verhält und sie das total cool finden würde. Und dass das selbstverständlich etwas ganz anderes ist als Gewalt in der Beziehung. In diesen Fällen ist die Frau zu schwach, ihren Mann zu verlassen und deshalb ist eigentlich die Frau schuld. Sie könnte ja gehen, aber tut es nicht. Und deshalb sind diese ganzen Frauenmorde als Beziehungsproblem aufzufassen und gerade bei Österreichern kann man doch sowieso nicht davon ausgehen, dass die so ein Gewaltpotenzial haben. Die Ausländer sind ja quasi das wahre Übel und vor denen müssen sich unsere Frauen in Acht nehmen. Ja und dann hat sie noch was von Politik geredet und, dass unser Gewaltschutz eh voll ausreichend ist. Wenn Frauen so blöd sind und ihre gewalttätigen Männer nicht verlassen, sind sie doch selbst dafür verantwortlich. Wozu brauchen wir da mehr Gewaltschutz?« Ich schlucke, das ist wahrlich ganz schön viel Meinung für solch eine junge Person wie Klarissa. »Ja und da bin ich eben eskaliert und hab sie vielleicht angeschrien. Herr Bodenmeier hat das mitgekriegt und mich so komisch angeschaut. Hast du gewusst, dass Valentins Klassenlehrerin seine Freundin ist? Die wohnen hier, im selben Haus wie wir. Meinst du nicht, dass sie jetzt eins und eins zusammenzählen können?« Ich muss erneut schlucken, denn das, was ich Nina jetzt gleich sagen werde, wird sie überraschen. Sie wird ihren Ohren zunächst kaum trauen, aber im Ergebnis wird diese Nachricht Musik in ihren Ohren sein. »Nina, hör zu. Es gibt da etwas, worüber ich mit dir reden muss. Ganz wichtig: Papa darf davon absolut nichts mitkriegen. Valentin auch nicht. Der ist noch so klein und außerdem ist bei ihm nicht sicher, ob er nicht Papa etwas davon erzählt. Wenn er das tut, dann ist unser Plan gescheitert.« Bei dem Wort Plan werden Ninas Augen ganz groß und beginnen zu leuchten. »Nein, das heißt doch nicht etwa, dass wir vorhaben auszuziehen?« Ich nicke so heftig, dass ich spüre, wie mein Hals knackt. »Doch, doch. Wir ziehen zu Tante Gerlinde. Die wohnt in der Steiermark, auf einem großen Hof mit Kürbiskernölproduktion. Und du hast doch immer gesagt, dass es dir egal ist, wo wir hinziehen.« Da fällt Nina mir um den Hals, wild und stürmisch. »Ja, natürlich. Ich ziehe überall hin. Auch ans Ende der Welt, wenn das sein muss. Und dann reichst du auch die Scheidung ein, oder?«

8: Rosenstraße 40/36, Wien - Gabi

Ich scrolle durch meinen Social Media Feed. Zahlreiche neue Meldungen zu einem Thema, welches Österreich seit Jahren verfolgt.

Auszug aus einem Qualitätsmedium

Mann tötet Ehefrau: Ein Mann soll gestern Abend seine Ehefrau getötet haben. Der Verdächtige lehnt jegliche Aussage ab und ist nicht geständig, sagt Polizeisprecher Matthias Kronberger. Es soll zum Streit gekommen sein, als die Ehefrau ansprach, ihn verlassen zu wollen. Es wird vermutet, dass er sie daraufhin mit einer Schere attackierte. Vergangene Woche wurden innerhalb von 48 Stunden 3 Frauen ermordet.

Auszug aus einem Boulevardblatt

Wieder einmal eine entsetzliche Bluttat in 1020 Wien: Ein 34-jähriger Albaner soll seine Ehefrau ermordet haben. Dabei soll er äußerst qualvoll vorgegangen sein: Sie weist zahlreiche Einstichstellen am gesamten Körper auf. Ihr Gesicht war nahezu vollständig entstellt, äußert sich Kriminalbeamter Lukas Feidring dazu.

Auszug aus den Online-Kommentaren

»Heast, war ja eh klar. Wieder ein waschechter Österreicher.«
»Ja, die Grenzen sind nun mal weit geöffnet und alle kommen in unser Land. Die teilen nicht unsere Wertvorstellungen. Da kann mir noch so oft jemand erzählen, die sind eh brav und tun nichts. Unsere Frauen sind in Gefahr.«
»Geh, red keinen Blödsinn. Die letzten 3 Mordfälle gingen von österreichischen Staatsbürgern aus.«
»Ja, österreichische Staatsbürger am Blattl Papier. Ich sag's ja, wir importieren diese Probleme.«
»Der eine war sogar Adeliger und kam aus einer urösterreichischen Familie. Österreichischer geht's fast nimma.«
»Hast in deinem Leben wohl noch nie was von Statistik gehört? Das is a Einzelfall, aber der is für die Gesamtstatistik Blunzn.«
»Warum müssen immer die Populisten aus ihren Löchern kriechen, wenn es um dieses

Thema geht? Versteh ich nicht. Das Problem ist weitreichender als das. Warum verunglimpfen wir ganze Nationen und setzen nicht an der Wurzel an?«

»Ja, gut. In der österreichischen Unterschicht geht's sicher auch ab. Aber das ist dann wohl milieubedingt.«

»Was ist außerdem mit dem Unternehmensberater von neulich? Der war auch ein Österreicher und aus gutem Hause noch dazu. Also von wegen Unterschicht.«

»Gewalt an Frauen lässt sich nicht in Schubladen einteilen. Sie ist strukturell bedingt und wenn wir nicht dazulernen und politisch mehr für den Schutz unserer Frauen tun, dann wird es in den nächsten Jahren nicht besser aussehen.«

»Unternehmensberater? Eh klar. Ein Lehrer würde das nicht tun.«

»Oje, differenzieren wir schon nach Berufsgruppen? Weit sind ma kommen. Das ist ein strukturelles Problem und des müssen wir aufgreifen.«

»Partei XY müssen wir wählen. Ohne die simma verloren.«

»Grad mit denen simma verloren. Ich klink mich jetzt aus. Diese Diskussion treibt meinen Puls in die Höhe.«

9: Rosenstraße 40/36, Wien - Gabi

Es gibt sie. Die Menschen ohne festen Halt im Leben. Es unterwirft sie einem ständigen Kampf, in dem sie nur gewinnen können, sofern sie den Widrigkeiten trotzen. Ich will kämpfen, für meine Familie - Nina und Valentin - und für mich, aber ich spüre wie die Kraft und Entschlossenheit mit jedem Tag geringer werden. Zurückbleibt erneut nur die Angst, sie ist ein schlechter Wegbegleiter.

Viele Freunde sind mir nicht geblieben. Er hat jede bestehende Verbindung erfolgreich gekappt, bis letztlich nur noch ich und er übrig geblieben sind. Diejenigen, die mir geblieben sind, weisen nicht viel Anteilnahme oder Interesse an meiner Person auf. Rund um sie: Mauern der Ignoranz. Zu gerne würde ich mich einer Person anvertrauen, die mir beisteht und Verständnis für mich zeigt. Aber da ist niemand.

Die innere Leere in mir breitet sich beständig aus und die Fesseln unserer Ehe scheinen sich immer stärker um meinen Körper zu winden. In letzter Zeit bringt ihn jede falsche Äußerung aus dem Konzept. Ich bin eine Seiltänzerin. Das Seil ist über die Jahre hinweg dünn geworden und ich muss vorsichtig balancieren, damit es nicht reißt. Eines Tages aber wird es reißen, das spüre ich. Und dann stellt sich die Frage: Geht es mir wie all den anderen Frauen, die bereits daran glauben mussten? Werde auch ich ihr Schicksal teilen?

Und dann kommt wieder alles zum Vorschein: Im Unterbewusstsein befindliche Gedankenstränge, tausendfach verästelt. Was, wenn es nicht funktioniert? Was, wenn wir unseren Plan in die Tat umsetzen und er dahinter kommt? Er wird uns folgen, uns nicht in Ruhe lassen. Bleibt immer noch die Möglichkeit die Polizei zu involvieren. Will ich das? Kann ich es? Er wird sie alle erfolgreich um den Finger wickeln und Lügengeschichten erfinden, sowie damals als Valentin in die erste Klasse Volksschule gekommen ist und er auf meine Unzulänglichkeit als Mutter, ausgelöst durch meine angeblichen psychischen Probleme, hingewiesen hat. Aber es gibt Beweise: Meinen Körper. Er ist ein einziger, lebender Beweis. In Gedanken fein gesponnene, aber nie ausgesprochene Schlussfolgerungen drängen an die Oberfläche, sie wollen beachtet werden, Raum gewinnen. Mir ist plötzlich klar: Eines Tages wird es geschehen. Ich werde ihn verlassen. Es muss geschehen. Ich muss handeln, die Zeit, sie spielt gegen mich. Gegen uns. Aber derzeit habe ich keine Kraft, ich kann mich nicht dazu durchringen, den Plan Realität werden zu lassen. Ich muss mit Nina reden.

Ninas Reaktion auf meine Entscheidung überrascht nicht. Sie hat gebrüllt: »Dann lass dich doch weiter schlagen. Eines Tages liegst du unter der Erde und dann ist es vorbei. Das war's. Mir reicht's. Ich brauche frische Luft.« Auch ich brauche frische Luft, aber er wird bald nachhause kommen, ich muss das Essen zubereiten. Meine Finger zittern, als ich das Fleisch aus dem Kühlschrank hole. Zwei Glasschüsseln fallen beinahe zu Boden. Sie spiegeln meinen emotionalen Zustand wider. Ich halte das nicht mehr länger aus. Wenn mich jemand zu fest anfasst, zerbreche ich in tausende Scherben.

10: Rosenstraße 20, Wien - Nina

Herr Bodenmeier sitzt mir gegenüber. Er ist unser Lieblingslehrer, extrem jung, locker und empathisch. Er trägt Jeans, weiße Schuhe, eine Fleecejacke und seine Haare hat er am oberen Hinterkopf zu einem lockeren Knödel gebunden. »Du wolltest mit mir sprechen. Wie kann ich dir helfen?« Lina meinte, ich könnte doch Herrn Bodenmeier von der Situation erzählen. Dies ist viel einfacher gesagt als getan, denn schließlich ist Lina diejenige, die zwar am meisten erfahren hat, aber die wirklich relevanten Punkte auch nicht kennt, und außerdem weiß ich nicht, wie sehr Mama hinter meiner Idee steht. Andererseits könnte ich zumindest ein bisschen erzählen, das wäre ja immerhin nicht »nichts«? Es ist unfair. Wie viel einfacher wäre es, wenn wir unsere Probleme in die Welt hinausrufen könnten, ohne dabei sprechen zu müssen? Worte, die viel zu schwer zu fassen sind, weil sobald man damit anfängt, sämtliche Synapsen im Gehirn nicht mehr ordnungsgemäß funktionieren, es in einem zu brodeln beginnt, wie in einem Vulkan, der bereit ist zum jederzeitigen Ausbruch. Der letzte Akt der Anstrengung. Da geht einem aber die Puste aus. Wie viel einfacher wäre es?

Stattdessen sitze ich auf dem viel zu klapprigen Stuhl und schwenke meine Arme hin- und her. Ich hatte sie zuvor zwischen die Beine gepresst, damit ich nicht so hektisch bin. Meine Schultern sind nach oben gezogen, die Luft ist zum Zerreißen gespannt. Jetzt oder nie. Der Moment ist gekommen. Zu sagen, ich sei extrem aufgeregt, ist noch eine Untertreibung. Andere Möglichkeiten als zu sprechen habe ich natürlich nicht zur Auswahl. Da ist nur meine Stimme und die versagt gerade ganz gewaltig. Herr Bodenmeier schaut mich erwartungsvoll an und wartet darauf, dass ich anfange zu reden. »Ich wollte mit ihnen über die Projektwoche sprechen.« Nein, was mache ich da? Ich sehe mich plötzlich wie von außen, als säße ich direkt neben mir. Ich sehe meine Aufregung, den verschwitzten Hals, meine Hände, die nun mein Handy umklammern, als sei dies mein einziger Halt, mein Rettungsanker. Dieses Mädchen mit den langen, braunen Haaren, dem winzigen Muttermal auf der Wange, das an guten Tagen aussieht wie ein kleines Herz und der viel zu blassen Haut, sie ist eine glatte Enttäuschung. Ich will an ihr rütteln, ihr erkenntlich machen, dass sie gerade dabei ist, alles zu verkacken und zwar so richtig, aber ich kann mich nicht bewegen. »Geht es um die Zimmereinteilung? Wir haben bereits besprochen, dass ihr Marina aufnehmen müsst, es geht sich sonst nicht aus. Und ihr seid ja nette Mädels, Lina und du.« Wie benommen nicke ich, meine Stimme fühlt sich falsch an, alles an der Situation fühlt sich falsch an. »Möchtest du noch etwas fragen oder ist alles klar?« Herr Bodenmeier ist so sympathisch und offen, das ist deine Chance. Nina, nutze sie gefälligst. Mein »Ich«, das neben sich sitzt und die Situation überhaupt nicht kontrollieren kann, sieht meinem anderen »Ich« dabei zu, wie dieses den Kopf schüttelt. »Vielen Dank. Das war es schon.« sagt, aufsteht, ihre Bluse zurechtrückt und sich zum Gehen bereit macht.

Die nicht ausgesprochenen Worte gleiten durch meinen Kopf wie Treibholz über Wellen und meinem anderen »Ich« wird auch gerade schmerzlich bewusst, was es verabsäumt hat.

11: Rosenstraße 40/6, Wien - Lisa

»Nina verhält sich in letzter Zeit halt sehr eigenartig. Ich mache mir Sorgen um sie.« Ich möchte Andreas beschwichtigen und sagen, dass sie sich in der Pubertät befindet und nahezu jeder Jugendliche ein eigenartiges Verhalten an den Tag legt. Das ist nicht zwingend etwas, worum man sich sorgen muss. Andreas Erzählungen nach ist sie sonst sehr gewissenhaft und fleißig, erledigt all ihre Hausaufgaben immer rechtzeitig und hat durchwegs gute Noten. Da ist allerdings auch noch die Sache mit Valentin, ihrem Bruder. Der verhält sich in der Tat eigenartig. »Sie kam heute zu mir, um mit mir über etwas Wichtiges zu sprechen, aber dann hat sie nur die Projektwoche angesprochen. Zuerst war ich etwas verwirrt, weil es scheinbar um die Zimmeraufteilung ging. Ich habe Lina und sie mit Marina eingeteilt. Marina wird gemobbt und die beiden haben sich ihr gegenüber bislang immer sehr korrekt verhalten, deshalb dachte ich, es wäre schlau, wenn die sich ein Zimmer teilen. Sie hat schließlich bejaht, dass es um die Zimmeraufteilung ging. Ich habe ihr gesagt, dass sie mit Marina gehen müssen, weil sonst niemand übrig bleibt und im 5-Bett-Zimmer mit Stella, Klarissa und Co. hält die Marina wohl keine zwei Tage durch. Ich bin mir aber nicht sicher, ob es wirklich um die Zimmeraufteilung ging und da nicht etwas anderes ist, das ihr Sorgen bereitet.«

Ich wollte es eigentlich nicht zum Thema machen, aber mir geht seit Wochen die Sache mit Valentin nicht wirklich aus dem Kopf. Solche Aggressionen sind oftmals eine Art Hilfeschrei, weil zu Hause etwas nicht in Ordnung ist. Sein Vater wirkt auf mich manipulativ und unehrlich. Ich kenne ihn zwar nicht, aber ich werde dieses Gefühl nicht los. Andreas scheint einen ähnlichen Gedanken gefasst zu haben wie ich, denn er sagt plötzlich: »Komisch ist es schon. Da ist Ninas Bruder ausgerechnet der Junge mit dem größten Gewaltpotenzial in deiner Klasse. Da liegt es doch irgendwie nahe an Gewalt in der Familie zu denken, oder nicht? Sie sind aber aus guten Verhältnissen. Der Vater ist Staranwalt. Das ist keine Familie, bei der man damit rechnet, dass da schwierige Umstände herrschen.« Der letzten Aussage kann ich nicht so viel abgewinnen. »Schwierige Umstände können genauso in guten Familien auftreten. Denk doch mal zurück an einen der letzten Femizide in Österreich. Da war der Vater sogar adelig.« Andreas nickt.

»Soll ich sie demnächst darauf ansprechen? Was meinst du? Ich will nichts falsch machen. Vielleicht übertreiben wir komplett und fantasieren uns hier irgendetwas zusammen. Vielleicht aber auch nicht. Wir sollten auf Nummer sicher gehen, oder?« Meinen sonst so selbstsicheren Freund habe ich noch nie so erlebt wie in dieser Situation. »Ja, das würde ich schon sagen. Am besten ist es, wenn du mit ihr redest. Es kann jedenfalls nicht schaden. Berichte mir dann unbedingt, was herausgekommen ist.«
»Hattest du eigentlich schon mal mit diesem Thema zu tun? In deiner früheren Schule?« Nun ist Andreas neugierig geworden. »Es gab mal einen Verdacht, der sich letztlich aber als falsch herausgestellt hat. Wir haben gehofft, dass nichts dran ist. Die Erleichterung war groß, als es sich als Fehlalarm herausgestellt hat. Ich kann nur hoffen, dass wir uns hier auch irren.«

12: Rosenstraße 20, Wien - Valentin

Heute ist es wieder sehr anstrengend in der Schule, weil Timo mich immer noch ignoriert. Sobald ich in seine Nähe komme, dreht er entweder den Kopf weg oder tut so, als hätte er mich gar nicht gesehen. Das macht er mittlerweile seit Tagen. Sein Gesicht schimmert blau und violett. Es erinnert mich an die Schuppen vom Regenbogenfisch und irgendwie ist das ganz schön komisch. Ich vermisse ihn, sein schelmisches Lächeln, seine lustigen Einfälle, unsere gemeinsame Zeit. Seit der »Sache« mit Timo bin ich durcheinander: Papa sagt oft zu mir, ich soll kein jämmerliches, kleines Weichei sein, sondern ein richtiger Mann und zeigen, was in mir steckt. Aber nachdem Frau Engelbrecht ihm erzählt hat, was geschehen ist, war er gar nicht froh. Er hat mir einen Vortrag darüber gehalten, wie blöd ich eigentlich bin und dass das meine letzte Verwarnung ist. Wenn ich mich nicht bald bessere, muss ich in die öffentliche Schule nebenan (mittlerweile eine Brennpunktschule, wie er mir erklärt hat) und da werde ich nicht der einzige sein, der weiß, wie man sich mit seinen Fäusten verteidigt. Papa hat auch gesagt, dass es haarscharf war. Haarscharf deshalb, weil so schlimme Kinder wie ich normalerweise sofort in eine andere Schule wechseln müssen. In der Privatschule müsse man schließlich nicht jeden behalten. Mama hat nur geweint. Als sie endlich wieder aufgehört hat, waren ihre Augen ganz rot und ihre Nase rau. Sie hat mich in den Arm genommen und gesagt: »Es tut mir leid. Es tut mir so leid.«

Frau Engelbrecht ist der Ansicht, es sei sinnvoll, wenn ich jeden Tag zusätzliche soziale Aufgaben erledige. Zuerst gehe ich zum Schulbuffet, um beim Putzen zu helfen und danach muss ich mit Micha Memory spielen, der ein bisschen komisch ist. Im Schulgarten auszuhelfen ist aber meine Lieblingsstrafaufgabe. Der Aufbau der Beete folgt nämlich einer strikten Logik, alles ist schön ordentlich und mein Herz schlägt schneller, sobald mir der Duft der Pflanzen in die Nase steigt. Ich muss auch einmal wöchentlich ins Erdgeschoss, zu einer älteren Dame mit Brille gehen, bei der ich nicht ganz sicher weiß, ob sie einfach ein bisschen dumm ist, oder absichtlich so dämliche Fragen stellt. Ratschläge geben kann sie aber eindeutig besser als Fragen stellen. Sie erklärt mir zum Beispiel, dass es okay ist, Wut in sich zu tragen, aber es nicht okay ist, diese Wut an anderen auszulassen. Sie erklärt mir auch, dass Worte zehnmal hilfreicher als Schläge sind. In Situationen, in denen ich viel Zorn in mir verspüre, soll ich versuchen, meine Wut in Worte zu fassen. Ich habe Nina davon erzählt und sie hat gestrahlt. Nina hat schon oft davon gesprochen, dass es »gesellschaftlich nicht anerkannt« ist, andere Menschen zu schlagen. Nur weil Papa das bei Mama macht und wir es so mitbekommen haben, bedeutet das nicht, dass es in Ordnung ist. Gewalt ist nie sinnvoll, führt nur zu Hass, Wut, Traurigkeit und noch mehr Gewalt. Das ist wohl eine richtige Schlussfolgerung, weil Timos und meine Freundschaft auch sehr gelitten hat. Ich weiß nicht, ob er mich hasst, aber die Enttäuschung steht ihm auf jeden Fall ins Gesicht geschrieben und er will ja auch nicht mehr mit mir reden. Und Mama, die ist in letzter Zeit auch oft super traurig. Nina hat gesagt, sie hat Angst davor, dass ich mal so werde wie Papa.

13: Rosenstraße 40/36, Wien - Nina

Mein kleiner Bruder ist merkwürdig. Man muss es leider so formulieren. In der ersten Klasse Volksschule wurde er auf Autismus getestet, weil sein Ordnungswahn etwas eskaliert ist. Negativ. In der zweiten Klasse hat man ihn auf ADHS getestet. Ebenso negativ. Er ist superklug, aber in sozialen Situationen manchmal heillos überfordert. Vielleicht hängt sein Verhalten aber auch damit zusammen, dass Papa ihm komische Sichtweisen in den Kopf setzt und er in Papa ganz im Gegensatz zu uns einen brauchbaren Ratsschlaggeber sieht. In der Schule tickt er immer wieder aus und neigt zu Wutausbrüchen. Wir haben schon vieles versucht, aber das Allheilmittel ist sicherlich der Auszug aus der Wohnung. Das Problem mit dem Auszug ist etwas komplexer, wie Mama derzeit meint. »Papa verdient nun mal richtig viel Geld mit dem, was er tut. Ich habe seit der Geburt deines Bruders nicht mehr gearbeitet. Ich bin quasi weg vom Fenster. Viel Erspartes habe ich nicht, das gesamte Geld verwaltet euer

Vater.« Ich habe gegoogelt, weil es mich interessiert hat und da stand, dass Strafverteidiger in Österreich eigentlich eher so im unteren Einkommensbereich im Ranking der Anwälte angesiedelt sind, was natürlich auch nicht bedeutet, dass ein Strafverteidiger wenig verdient, es stellt nur die Relation der Aussage und die Bedeutung des Wortes »supergut« infrage. Mama hat mir erklärt, dass Papa einer der besten ist. Er bekommt die krassesten Fälle und ist medial sehr beliebt. Außerdem kommt Papa aus einer vermögenden Familie. Das viel größere Problem ist aber gar nicht, dass Papa super-gut verdient, sondern dass Mama finanziell komplett abhängig von ihm ist. Wenn wir ausziehen, wohin ziehen wir dann? Ich würde sogar in einem Loch wohnen, solange die familiäre Situation sich dadurch ändert. Unsere Wohnung hat zwar keine optimale Lage, sie liegt nicht unweit einer Durchzugsstraße in einem durchschnittlichen Bezirk, aber dafür wohnen wir im Dachgeschoss und blicken über die anderen Häuser hinweg. Das Haus, in dem sich die Dachgeschosswohnung befindet, ist ein Gründerzeithaus, die meisten Wohnungen unterhalb von uns daher eher renovierungsbedürftig und nicht nach dem neuesten Stand eingerichtet. Wir haben mit dem Ausbau zahlreiche Annehmlichkeiten erhalten: Ein riesiges Wohnzimmer, eine offene Küche, ein Bad mit Whirlpool und eine Dachterrasse. Mama fragt mich immer wieder, ob ich das nicht alles vermissen würde? Ich entgegne ihr dann, dass mir Sicherheit wichtiger ist als ein gehobener Lebensstil und sie das genauso sehen sollte. Da wird Mama dann ganz leise, runzelt die Stirn und sagt sowas wie: »Ich komme aus einer Familie, in der Geld eine große Rolle gespielt hat, aber nicht, weil wir so viel hatten, sondern genau aus dem gegenteiligen Grund. Bestimmte Dinge wurden mir verwehrt. Zum Beispiel hätte ich liebend gerne Klavier spielen gelernt, aber die Stunden sind teuer. Dasselbe gilt fürs Schifahren, das blieb für mich nur ein Traum. Versteh mich nicht falsch, meine Eltern waren sehr liebevoll, aber es waren mir von der Förderung Grenzen gesetzt. Jetzt habt ihr all das: Privatschule, du hattest Klavier- und Ballettunterricht, und wir können euch dieses Leben bieten. Wenn wir ausziehen, dann fallen diese Dinge weg.« Ich habe versucht ihr zu erklären, dass das egal ist, solange er auf ihren Gefühlen herumtrampelt und ihre Gesundheit gefährdet, und ich kann nur hoffen, dass sie es verstanden hat.

14: Rosenstraße 40/6, Wien - Lisa

Andreas und ich haben uns zuvor Kokosmilch-Curry gekocht. Jetzt wollen wir den Tag schön ausklingen lassen mit einem Glas Wein, ein bisschen Schokolade als Nachtisch sowie einer spannenden Serie, wenn wir eine finden. Der Streaming-Dienst unserer Wahl hat in letzter Zeit zwar ordentlich abgebaut, aber vielleicht finden wir trotzdem eine halbwegs interessante Serie. »Warte, ich möchte zuvor noch schnell die Matheaufgaben checken.« Andreas ist unverbesserlich. Nachmittags nach der Schule geht er meistens zu lange Bouldern oder trifft Freunde und abends packt ihn dann das schlechte Gewissen, meistens zu ungünstigen Zeitpunkten. Oft überkommt es Andreas, wenn wir bereits fertig gekocht haben und das dampfende Essen auf dem Tisch auf uns wartet. Oder in einem Augenblick wie jetzt, in dem wir es uns eigentlich vor dem Fernseher gemütlich machen wollen. Er schnappt sich den Stapel mit den Heften, schlägt das erste auf und ein offensichtlich lieblos aus einem Collegeblock herausgerissener Zettel blickt ihm entgegen. Der Zettel ist nicht gleichmäßig herausgerissen worden, so als hätte jemand sich keine Zeit mehr dafür genommen, so als stünde auf diesem Zettel eine äußerst wichtige Botschaft. »Wahrscheinlich eine Notiz an jemanden aus der Klasse.« Andreas muss grinsen. »Wir waren damals auch so. Ständig haben wir uns Zettelchen geschrieben. Ich dachte nur, das hätte im fortgeschrittenen Handyzeitalter vollständig aufgehört.« Ich überlege laut. »Vielleicht war es in einer Stunde eines Lehrers, der keine Handys erlaubt. Wie zum Beispiel der Huber.« Andreas nickt, dann fällt sein Blick aber auf die Überschrift. Dort prangt zweimal fett unterstrichen sein Name. »Muss ich jetzt eifersüchtig werden?« Ich habe einen Scherz gemacht, über den Andreas normalerweise lacht, beziehungsweise zumindest kurz lächelt. Seine Miene ist aber plötzlich ganz starr und er schlägt sich die Hand vor den Mund, während er das Geschriebene überfliegt. Dann lässt er sich sichtlich entgeistert auf einen Stuhl sinken und fährt sich nervös mit der Hand durch die offenen, längeren Haare. »Das ist gar nicht gut. Lies sofort!« Er streckt mir den Zettel entgegen. Zögerlich nehme ich ihn an und mein Magen verkrampft sich augenblicklich.

»An Herrn Bodenmeier (HÖCHST WICH-
TIG!!!!)

Ich habe neulich mit Ihnen sprechen wollen,
weil mir etwas auf dem Herzen lag. Aber dann
habe ich mich nicht getraut und konnte das ei-
gentliche Problem nicht ansprechen. Jetzt aber
traue ich mich. Papa ist gewalttätig und Mama
kann ihn nicht verlassen. Ich habe Angst, dass
in Zukunft noch etwas Schlimmeres passiert.
Eigentlich wollte ich zur Polizei gehen, aber das
habe ich mich auch nicht getraut und daher
wollte ich Ihnen davon erzählen. Bitte, bitte:
Helfen Sie uns!«

15: Rosenstraße 40/36, Wien - Valentin

Mein Herz wummert ganz laut, während ich mich an Pullovern und Jacken vorbeischlängle. Ich schiebe die Kleidungsstücke, die mir im Weg hängen, vorsichtig weg. Gott sei Dank ist mein Schrank überdimensional groß. So groß, dass sogar ein ausgewachsener Elefant darin Platz hätte. Hier kann Papa mich nicht finden. Das Blut rauscht in meinen Ohren und ich fühle mich, als wäre ich in einer Muschel gefangen. Meeresrauschen hat eine beruhigende Wirkung, das sagt Mama oft. Ich liebe das Meer und die salzige Luft. Die Möwen machen so lustige Geräusche und man kann mit seinen Füßen ganz leicht im Sand versinken, wenn man es darauf anlegt. Aber jetzt gerade nervt mich das Rauschen. So kann ich gar nicht hören, ob meine Tür aufgerissen wird und Papa ins Zimmer kommt, um nach mir zu suchen. Und er wird nach mir suchen, denn ich habe einen Fehler gemacht. Es ist zwar kein absolut schlimmer Fehler, aber offenbar schlimm genug, dass Papa sich wieder aufregt. Wir haben Spaghetti mit Pesto gegessen. Wie von Zauberhand war plötzlich das Tischtuch von grünen Sprenkeln überzogen. Zuerst ist er auf Mama zugegangen und hat ihr mit der flachen Hand eine übergezogen. Sie war so überrascht, dass sie nicht schnell genug reagiert hat und das war ihr Fehler. Im nächsten Augenblick hat er sie gegen den Küchenschrank gestoßen und sie ist mit dem Kopf gegen eine Kante geflogen. Dann hat er sich offenbar wieder daran erinnert, dass ursprünglich ich den Fehler gemacht habe und nicht Mama, denn sein Blick ist auf mich gefallen. Auch wenn Mama zwar meistens für alles verantwortlich ist und Papa uns nichts antut, habe ich in diesem Moment gewusst, dass ich mich beeilen muss. Papa ist sportlich und flink. Ich bin zwar auch sportlich und flink, aber er ist viel größer als ich und trainiert außerdem für den Marathon, der regelmäßig in Wien stattfindet. Ich bin also losgelaufen, in Richtung meines Zimmers und kurz bevor ich am Ende des Ganges angekommen bin, habe ich mich nochmals umgedreht. Mama hat sich da gerade Papa in den Weg gestellt und gebrüllt, dass er mir nichts tun darf.

Nun sitze ich in meinem Kleiderschrank, hinter einem dichten Vorhang aus Jacken und Pullovern und bin außerordentlich leise. Papa kann mich gar nicht finden, dazu ist mein Versteck zu gut. Hinter den Kleidungsstücken kann man mich nicht sehen, ich bin vollständig abgeschirmt. Alles wird gut. Mein Atem geht schneller, als ich merke, wie jemand schreit. Die Person, die soeben geschrien hat, ist Mama und es klingt so, als käme es von weiter weg, von der Küche. Das bedeutet aber, dass Papa nicht auf dem Weg zu mir ist. Ich bin sicher hier. Aber ist Mama sicher?

Ich will aufstehen und nach ihr sehen, weil ihr Geschrei nun ein etwas seltsames Ausmaß annimmt. Sie schreit sich die Seele aus dem Leib, so als hinge ihr Leben davon ab. Irgendein Gegenstand fällt scheppernd zu Boden. Meine Hände greifen nach dem Vorhang, ich will ihn beiseiteschieben und aus dem Schrank klettern. Ich will mutig sein und ihr beweisen, dass ich helfen kann. Aber meine Gliedmaßen gehorchen nicht. Meine Beine bewegen sich kein Stück. Sie beginnen unkontrolliert zu zittern. Da wird mir klar: Ich werde es nicht aus dem Schrank schaffen und ich kann Mama auch nicht helfen.

16: Rosenstraße 40/36, Wien - Valentin

Mama hat erneut geschrien, ganz lange und laut und der Schrei hallt viel zu intensiv in meinem Kopf nach. Meine Knie zittern immer noch, ich verharre abgesehen von den Bewegungen meiner Beine, worauf ich aber keinen wirklichen Einfluss habe, nahezu reglos. In meinem Kopf dröhnt es, als hielte mir jemand eine Bohrmaschine direkt an mein Ohr. Das ist schrecklich unangenehm, alles an dieser Situation ist unangenehm und ich will nur, dass es endlich aufhört. Da höre ich es. »Nein, du weißt nicht, was du tust. Hör auf. Verdammt! Leg es weg.« Mamas Stimme überschlägt sich, sie schreit erneut »Nein, nein, nein. Geh weg! Ich rufe die Polizei. Ich rufe sie, hörst du?« Ein letzter Schrei und danach breitet sich Stille aus. Die Stille, die nun über uns hereingebrochen ist, macht mir noch mehr Angst als ihre Schreie. Ich muss aufstehen und sehen, warum es so leise geworden ist. Ich durchbreche den Kleiderwall und öffne den Schrank. Langsam bewege ich mich vorwärts, Schritt für Schritt angle ich mich an der Wand entlang. Ich wage es nicht aufzusehen und geradeaus zur Küche zu schauen. Stattdessen konzentriere ich mich auf meine langsamen Bewegungen, die viel zu langsamen Schritte an der Wand entlang. Es ist immer noch so verdammt still, warum könnte es nicht jetzt ein Lied spielen, wenigstens ein Lied in meinem Kopf? Dann wäre die Stille nicht mehr so real und die Situation nicht mehr so beängstigend. Ich durchquere die Schwelle zum Esszimmer- und der Küche. Aus den Augenwinkeln erkenne ich Mama, sie liegt am Boden in einem roten Meer, auf dem Übergang vom Esszimmer zur offenen Küche und regt sich nicht. Ich kann plötzlich nicht mehr denken, mein Kopf tut so weh. Ich konzentriere mich erneut auf meine Schritte, setze einen Fuß vor den anderen und komme mir vor, als hätte ich gerade erst laufen gelernt. Meine Socken werden feucht, der Stoff saugt das Blut auf, durchtränkt sie, je weiter ich auf Mamas Körper zugehe. Ich aber stoppe nicht, bis ich direkt vor ihr stehe. In der Schule haben wir bereits davon gehört, wie Erste Hilfe funktioniert und dass man manchmal noch etwas retten kann. Mama sieht nicht so aus, als wäre da noch etwas zu retten. Das Messer steckt in ihrem Hals, das rote Meer deutet darauf hin, dass sie schon viel zu viel Blut verloren hat. Mama ist ganz eindeutig tot.

Auszug aus der Zeitung

Gestern hat erneut ein Mann seine Ehefrau getötet. Dringend tatverdächtig ist ein 50-jähriger Mann mit österreichischer Staatsbürgerschaft. Die Polizei war um 18 Uhr von dem minderjährigen Sohn kontaktiert worden, der angab, sein Vater habe soeben seine Mutter ermordet. Wie der Sprecher der Landespolizeidirektion, Matthias Kronberger, erklärte, wies die Leiche massive Stichverletzungen im Halsbereich auf, die zu einem schnellen Tod geführt haben. Bei dem Vater soll es sich um einen erfolgreichen Strafverteidiger handeln, der auch unter dem Begriff »Staranwalt« einer breiten Öffentlichkeit bekannt ist. Der Tatverdächtige wurde zuletzt am Eingangsbereich der zur Wohnanlage gehörigen Tiefgarage von Nachbarn gesichtet und habe offenbar fliehen können. Es wird derzeit auf Hochtouren nach dem mutmaßlichen Täter gefahndet, so Matthias Kronberger. Hinweise zum Verbleib des Mannes liegen derzeit keine vor.

STEPHANIE BRIEGL

Das Interesse am Schreiben hat sie bereits früh gepackt. Nach Studien der Publizistik- und Kommunikationswissenschaft sowie Rechtswissenschaften hat sie ein halbes Jahr im Ausland verbracht. Derzeit ist sie als Juristin tätig und in Wien wohnhaft. Ihre Freizeit verbringt sie auch mit anderen kreativen Tätigkeiten: Sie ist Mitglied in einer Laienmusicalgruppe und tanzt gerne Standard.

Loved this book?
Why not write your own at story.one?

Let's go!